AUTELS ET PENTACLES de sorcières

Remerciements

Merci à mes proches pour leur soutien,
à Chloé pour sa confiance, à la pie qui m'a épaulée
et au loup qui m'a écoutée.

Merci à vous qui lirez ces lignes,
j'espère qu'elles inspireront votre pratique de la magie.

Avertissement

L'auteur et l'éditeur déclinent toute responsabilité concernant l'utilisation des préparations décrites dans ce livre, les conséquences qui en découleraient et une interprétation erronée des conseils prodigués.

Dépôt légal : avril 2021
Numéro d'édition : SR17689 (RU21077)
ISBN : 978-2-8153-1768-9

www.secretdetoiles.com

Noémie Myara

Autels et pentacles de sorcières

Secret d'étoiles

SOMMAIRE

AVANT DE COMMENCER

LES FICHES PRATIQUES

LES CRÉATIONS MAGIQUES

Brume de Selene

AVANT-PROPOS

C'est un défi d'expliquer de façon claire et succincte les bases qui constituent le vaste univers de la sorcellerie et de les rendre accessibles.

Cet ouvrage destiné aux novices les aidera, je l'espère, à comprendre l'ésotérisme et sa pratique, et leur permettra, alors, de faire leurs premiers pas dans ce domaine. J'espère qu'ils trouveront des idées et de l'inspiration à travers mes mots et mes créations. Ce livre reste une approche et une découverte de la pratique de la sorcellerie à travers les autels et pentacles de sorcières. Ce, tout en sachant qu'il existe plusieurs façons de faire, plusieurs traditions et plusieurs points de vue. C'est d'ailleurs toute la richesse de cet univers.

Humblement, je souhaite qu'il aide à vous imprégner de votre environnement magique et vous donne envie d'explorer davantage les chemins subtils et mystérieux de la sorcellerie.

AVANT DE COMMENCER

QUELQUES GÉNÉRALITÉS SUR LA SORCELLERIE

Sorcellerie, magie, occulte… Qu'est-ce que tout cela ? Comprendre et expliquer ces termes n'est pas toujours évident, d'autant plus que tout le monde n'est pas d'accord avec leur définition. Je vais faire au mieux et expliquer ce que signifient pour moi, dans son ensemble, la magie, la sorcellerie, les sciences occultes, la haute magie, le paganisme, la Wicca…

Le paganisme

C'est un terme générique souvent utilisé pour désigner ceux qui n'appartiennent pas aux religions monothéistes. Aujourd'hui, ce terme est attribué aux croyances dites « magiques », « polythéistes », aux pratiques chamaniques, à l'éclectisme religieux. Non dogmatique, le paganisme s'inspire avant tout de la nature. Sa transmission est en général orale, et un païen ne pratique pas forcément la sorcellerie.

Les sciences occultes

Elles constituent un ensemble d'enseignements secrets. La sorcellerie est l'art de mettre en œuvre les sciences occultes par une pratique de la magie, la maîtrise de certains outils et de rituels (occulte signifie « ce qui est caché »). La magie désigne parfois des techniques (les arts magiques), parfois une action, un procédé et des forces occultes, permettant d'agir et d'obtenir des effets. Le mot « magique », qui veut dire « qui tient de la magie », est donc associé à ce qui n'est pas explicable ou à ce qui est surnaturel. D'ailleurs, ésotérique signifie « intérieur » ou « en dedans », en opposition avec l'exotérisme, qui désigne ce qui est public et profane.

La Wicca

Elle inclut divers éléments de croyances inspirés par différents courants comme le druidisme, le chamanisme, le culte de la Nature, en suivant ses cycles, en célébrant les fêtes païennes, les esbats et les sabbats. C'est un courant récent, considéré comme de la sorcellerie dite « moderne » et qui est associé à une religion néo-païenne.

La haute magie

Elle regroupe, en général, les courants de magie antique ou ancienne avec des rites et des rituels souvent complexes à mettre en œuvre, comprenant certaines règles précises, sollicitant des forces, dont la force de l'esprit, et regroupant à elle seule un savoir sur la sorcellerie et des connaissances sur l'alchimie, l'astrologie, l'herboristerie et autres piliers qui la constitue. Il n'y a pas de petite magie, l'appellation « haute magie » fait plus référence à une forme de sorcellerie originelle. La haute magie est aussi une pratique silencieuse et intérieure, elle est différente de l'image populaire de la magie que peut parfois renvoyer la Wicca, par exemple. L' « ancienne magie » semble parfois « effrayante », mais elle est souvent méconnue ou mal comprise.

Voici les définitions de la magie de deux sorciers notables qui rejoignent la mienne :

Aleister Crowley

« La magie est la science et l'art d'occasionner des changements en accord avec la volonté[1]. »

Papus

« La magie est l'étude et la pratique du maniement des forces secrètes de la nature[2]. »

1 Aleister Crowley, *Magick*, Éditions Blockhaus, Paris, 1992.

2 Papus, *Traité méthodique de magie pratique*, Dangles, 1999.

QU'EST-CE QU'UN AUTEL ÉSOTÉRIQUE ?

Définition et fonction

L'autel ésotérique représente un espace sacré, il est un sanctuaire dédié à la pratique de la magie, il est en quelque sorte le centre physique de votre spiritualité et de votre magie. Souvent utilisé pour rendre hommage à une ou plusieurs des déités, il peut aussi servir à la contemplation, à un refuge pour soi-même et, surtout, mettra en action les énergies spécifiques qu'il représente symboliquement.

Il existe autant de types d'autels que de sorciers ; le vôtre doit vous ressembler, vous permettre d'être à l'aise, et correspondre à vos orientations spirituelles et à vos croyances. Certaines anciennes croyances magiques préconisent de ne pas exposer son autel à la vue de tous ou, du moins, jamais complètement, car il représente une extension de votre magie personnelle, intime, et le regard, le jugement ou l'intention d'autrui peuvent lui porter atteinte ou, simplement, polluer son énergie, et ce, même à distance (sur une photo, par exemple).

En quelle occasion et où préparer son autel ?

L'autel est un lieu important qui vous permettra d'effectuer vos consécrations et autres rituels, vos sabbats, vos esbats, vos travaux et créations magiques, la divination, de rédiger dans votre grimoire, etc. Ce sont là des idées, mais il n'y a aucune obligation de pratiquer la divination uniquement sur ou à proximité de son autel.

Il peut être permanent ou fait de façon éphémère, chez vous ou en extérieur, selon l'espace dont vous disposez et vos moyens. Il peut prendre différentes « couleurs » et suivre le fil des saisons, avoir des formes diverses (table, commode, étagère, rocher en extérieur, etc.) et des décorations variées, selon les divinités que vous souhaitez honorer ou les énergies auxquelles vous voulez faire appel. Il peut être simple ou élaboré, et comporter les différents objets magiques utiles à votre pratique (bougies, grimoires, etc.), ainsi que les offrandes. Il portera votre propre attention et sera comme un reflet de vous-même.

Comment créer et disposer son autel ?

Ce que votre autel contiendra et son apparence vous sont personnels, à vous seul de décider ce qu'il est réellement important et nécessaire de faire figurer dessus. L'essentiel est de construire un autel qui représente quelque chose à vos yeux, il doit être un lieu personnel, vous permettant de concentrer vos actions magiques. De plus, tout le monde ne dispose pas d'un *occultum* (pièce ou espace réservé à la magie).

Voici des conseils utiles pour composer votre autel, mais agissez surtout selon vos croyances, traditions et moyens à disposition :

✦ **positionnez l'autel dans un espace où vous pourrez circuler,** notamment si vous devez projeter un cercle magique ; la plupart des traditions préconisent de l'orienter vers le nord (la direction qui appelle les divinités) ;

✦ **la pratique ésotérique utilise la magie des quatre éléments.** Vous pouvez, par exemple, faire apparaître sur votre autel une représentation de ceux-ci : coquillage ou calice rempli d'eau (élément eau), plume ou encens (élément air), bougies (élément feu), sels (élément terre) ;

✦ **la symbolique des couleurs peut également vous aider :**
les saisons, les divinités et les archétypes que les couleurs représentent sont des sources d'inspiration. Référez-vous aux tableaux dans les pages suivantes pour trouver les symboles qui vous correspondent ;

✦ **choisissez bien les objets que vous positionnerez sur votre autel.** Nous verrons plus loin quels sont les outils couramment utilisés sur l'autel dédiés à votre pratique magique. D'autres éléments peuvent être ajoutés si vous en éprouvez le besoin, comme des statuettes représentant vos divinités, des objets évoquant le Soleil, la Lune, mère Nature, etc. Mais surtout vous pouvez créer vous-même de nombreux objets magiques qui vous représenteront. Vous trouverez dans les pages de ce livre des pas à pas de créations personnalisables. Personnellement, je préfère les matières naturelles : minéraux, symboles et représentations en bois, et les objets anciens.

Comme le reste des objets dédiés à votre autel, il vous faudra préalablement purifier les outils magiques que vous confectionnerez, les nettoyer énergétiquement et les consacrer à la pratique ésotérique (voir p. 32).

Conseil de la sorcière

✦✦✦✦✦

L'autel est un espace sacré, il est donc important de veiller à son nettoyage au sens propre comme énergétique.

LES SYMBOLES DE BASE ET LES OUTILS POUR LA PRATIQUE DE LA SORCELLERIE

L'importance de la symbolique dans la pratique magique

Le symbole est une image, une représentation, un geste, un objet, qui évoque spontanément quelque chose d'abstrait souvent, et dans lequel on fixe une émotion, une croyance, une valeur ou un pouvoir. Il faut savoir que la perception que nous en aurons sera affectée pas nos valeurs et notre culture. La sorcellerie utilise les symboles comme support, permettant ainsi de créer des égrégores (soit une force ou énergie générée), notamment grâce aux ondes de forme que les différents symboles occultes peuvent émettre selon ce à quoi ils sont reliés.

Connecter ses ingrédients, ses outils, ses demandes, ses intentions et les énergies que l'on appelle, par le biais des rituels de consécration et formules magiques, forme un tout et amplifiera les énergies et les forces générées.

Par exemple, le symbole du cœur est utilisé pour exprimer une émotion ou une intention liée à l'amour. On le représente souvent sous la couleur rouge ou rose, ce qui fait de ces deux couleurs des symboles d'amour.

La symbolique des jours de la semaine est aussi très utilisée, comme le vendredi, jour de Vénus, pour les sortilèges d'amour (quand la planète ne rétrograde pas). Il en est de même avec les astres, les nombres, les couleurs, les plantes, les minéraux et, bien sûr, avec tous les outils ésotériques qui seront sur votre autel.

LE SAVIEZ-VOUS ?

Un calendrier vous indiquera les jours de pleine lune, cependant sachez que plusieurs cultures la fêtent et l'honorent deux à trois jours avant, et après également. Car, même si le jour J l'énergie de la pleine lune est à son paroxysme, il est possible d'utiliser les jours environnants, qui sont eux aussi remplis de son énergie.

Les phases lunaires

Les symboliques des phases de la lune permettent également d'accroître l'efficacité des rituels.

Ainsi, la pleine lune est un moment magique d'énergies fortes et puissantes. Associée aux rituels de consécration et de purification, de fertilité, de divination, elle permet de charger vos préparations en énergies positives.

La nouvelle lune, quant à elle, est associée au nouveau départ, à certaines pratiques de divination. Cependant, certaines croyances ne partagent pas cet avis et préconisent de ne pas pratiquer de rituels lors de cette période, car la déesse Hécate se régénère en résidant au royaume des ombres pendant ce cycle lunaire.

> **✦ À NOTER ✦**
>
> La durée d'efficacité de certaines des créations qui vont suivre est indiquée en « lunaison ». Cela signifie que le pouvoir de l'objet perdure le temps d'un cycle lunaire complet.

Les couleurs

Vous pouvez vous servir de la symbolique des couleurs pour créer votre autel ou pour apporter un pouvoir plus ciblé à vos créations.

TABLEAU DE CORRESPONDANCES MAGIQUES DES COULEURS

COULEURS	SYMBOLIQUES
Bleu	Eau, paix, joie, sagesse, rêves, créativité
Jaune	Divinités solaires, confiance en soi, joie, richesse, pouvoir
Vert	Terre, prospérité, abondance, chance, guérison
Rouge	Feu, action, amour, vitalité, passion, sexualité
Blanc	Air, pureté, protection, équilibre, spiritualité, renouveau
Gris	Neutralité, médiation, neutralise les énergies basses
Orange	Action, ambition, succès, joie
Marron	Terre, prospérité, abondance, protection des animaux
Rose	Amitié, amour, féminité, compassion
Violet	Énergies psychiques, spiritualité, sagesse, divination, contact avec les esprits, méditation
Noir	Ancrage, lien avec au-delà, conjuration, protection

Les outils classiques sur un autel

Tous les objets ci-dessous peuvent se trouver dans les boutiques spécialisées dans l'ésotérisme et, pour certains, chez des antiquaires ou dans des vide-greniers également.

Le chaudron

C'est le contenant dans lequel s'opèrent certaines transformations magiques. Il peut servir pour des préparations ou des recettes lors de rituels, pour brûler certains encens et même pour la pratique de différentes méthodes de divination (comme la magie des miroirs). Il représente, selon les courants magiques, l'abondance, la mère, le féminin, la déesse ; certains l'associent à l'élément eau, d'autres au feu.

Le calice

Ce réceptacle peut être en métal, en bois, en verre ou en cristal, et symbolise l'élément eau et ce qui s'en rattache, dont le principe féminin. Il fait partie des outils utiles sur l'autel comme dans un cercle magique, où il symbolisera son élément. Il servira aussi à recevoir de l'eau lustrale, bénite, vos décoctions et autres potions ou breuvages de célébration lors des sabbats, par exemple.

L'encens

L'encens est intimement lié à la spiritualité et à la magie. Lorsque l'on brûle des encens, c'est toute une atmosphère magique qui se crée autour de nous. L'encens est le symbole du lien qui unit le visible et l'invisible, il associe l'humain à la divinité, le fini à l'infini, le mortel à l'immortel.
Encens et rituels vont de pair. Ils se renforcent pour aboutir à une dimension plus élevée, l'encens contribue à la réussite des rituels, car il permet d'entrer en connexion avec les forces cosmiques, il représente l'élément air. De plus, il favorise la relaxation, la paix de l'âme, le bien-être intérieur, et chasse les énergies négatives.

Les bougies

Partie intégrante des rituels et de la pratique magique, elles représentent votre intention lors du rituel. Symbole, entre autres, de l'âme et de l'élément feu, elles sont un lien fort entre le monde physique et le monde astral. Elles font partie des outils qui permettent d'ouvrir des portes entre les mondes et sont l'un des types de condensateurs fluidiques les plus fréquemment utilisés de par la cire qui concentre l'énergie.

SEL NOIR

L'athamé

Ce couteau représente l'élément air et symbolise la force vitale. Il ne doit être utilisé que pour votre pratique. Il aide à diriger les énergies comme pour tracer les cercles magiques lors de rituels ou de célébrations. Il permet aussi un certain « contrôle » sur les entités négatives et est utile, par exemple, pour couper les liens néfastes ou chasser des forces maléfiques.

Le grimoire

Appelé aussi « livre des ombres », il contient le plus souvent nos rituels, nos sorts ou enchantements, nos recettes de potions, nos philtres, nos onguents, les formules et les incantations, les méthodes de fabrication de certains objets magiques, ce qui résulte de séances de divination, etc.
Parfois vu comme une sorte de journal intime de la sorcière, même s'il peut être aussi bien intime que public, il est surtout ce que l'on souhaite en faire, et permet de témoigner de la vie spirituelle et magique de celui ou celle qui écrira ses pages.

La cloche

Elle est utilisée depuis l'Antiquité pour annoncer le début et la fin des rituels ou des invocations, à la manière d'une note d'ouverture ou de fermeture énergétique. Elle sert aussi, selon les cultes et les croyances, à invoquer une déité, un ange ou un guide, à détourner les mauvais sorts et les esprits malfaisants ou à appeler des énergies positives.

Les pentacles et les pentagrammes

Le pentagramme est une étoile à cinq branches. Le pentacle est un pentagramme entouré d'un cercle. En ésotérisme, il symbolise les quatre éléments (terre, air, feu et eau) ainsi que l'esprit ou l'âme, et le cercle entourant le pentagramme représente le grand tout.

Si on utilise le pentacle avec la pointe vers le haut, cela signifie que l'esprit/l'âme domine les éléments et qu'on fait appel à des énergies divines, dites « positives ». Sous cette forme il est aussi associé à la symbolique du corps humain.

Si on utilise le pentacle avec la pointe vers le bas, cela signifie que ce sont les éléments qui dominent l'esprit/l'âme et qu'on fait appel à des énergies du monde d'en bas, dites « négatives ». Sous cette forme il est aussi associé à la symbolique de la tête de bouc, du malin.

Le pentagramme dit « inversé » (pointe vers le bas, donc) est associé à la magie noire et à l'invocation du diable dans certains principes de magie ancienne, comme l'explique l'illustre Éliphas Lévi dans son ouvrage passionnant *La Clef des grands mystères*[3]. Les croyances divergent cependant sur la signification de la position de la pointe, qu'elle soit en haut ou en bas. Mais n'oublions pas que tout ce qui existe possède un pôle négatif et un pôle positif indissociables. Ici, nous utilisons ce que représente le pentacle/pentagramme pointe vers le haut.

---

3 Éliphas Lévi, *La Clef des grands mystères*, Paris, Éd. Bussière, 2008.

JUPITER
SATURN
HEAD
HEART
IMBOLC
Protection
SEL NOIR

Le pentagramme représente la magie, il symbolise l'union du cosmos, très fréquemment utilisée comme symbole protecteur, porte-bonheur, puissant gardien contre le mal et les entités néfastes. Il représente aussi l'unité entre la nature et ses éléments, et l'éther, qui désigne l'esprit. Il symbolise également l'infini et le microcosme dans le macrocosme.

Le pentacle et le pentagramme sont des symboles ésotériques de protection puissants en magie, ils permettent de créer un égrégore, de concentrer l'énergie, de l'amplifier, de la canaliser, de l'appeler. Ils sont utiles pour charger et bénir vos préparations, pour protéger votre autel ou pour tracer un cercle magique. Récepteurs de magie, ils vous permettront également d'en émettre.

Les correspondances magiques

Ce tableau vous aidera, vous aiguillera et vous donnera des idées pour vos rituels et créations. Il est volontairement succinct, car de nombreuses correspondances existent. Aussi, rien ne vous oblige à « travailler » avec des divinités, vous pouvez préférer les anges ou les élémentaux, par exemple. À vous de voir avec quelles énergies vous vous sentez à l'aise.

TABLEAU DES CORRESPONDANCES MAGIQUES

	PROTECTION ET NETTOYAGE ÉNERGÉTIQUE	CHANCE ET ABONDANCE	AMOUR ET SEXUALITÉ	DIVINATION
Plantes et résines	Angélique Basilic Bardane Bois de santal Genévrier Gomme arabique Lavande Résine de benjoin Résine de copal Sauge Sorbier Sureau	Avoine Aspérule Aubépine Bergamotier Blé Fenouil Gomme arabique Houx Lierre Luzerne Mélisse Résine de benjoin Résine de copal Résine d'oliban	Aneth Basilic Clou de girofle Gingembre Hibiscus Jasmin Mélisse Résine de copal Résine d'oliban Rose Vanille Verveine	Absinthe Achillée mille feuille Angélique Badiane Jasmin Mauve Résine de benjoin Résine de camphre Résine de copal Résine d'oliban
Minéraux	Labradorite Œil de tigre (contre la magie noire) Lapis-lazuli Améthyste Cristal de roche (il est aussi amplificateur de pouvoir ainsi que catalyseur d'énergie) Obsidienne Tourmaline	Agate mousse Aventurine Citrine Jade	Cornaline Magnétite Malachite Quartz rose Rhodochrosite Rhodonite	Améthyste Célestine Cristal de roche Lapis-lazuli Obsidienne Œil de faucon
Astres et divinités	Brigit Hécate Ishtar Isis Thor	Brigit Cernunnos Frigg Gaïa Jupiter/Zeus	Brigit Cernunnos Eros Freyja Hathov Ishtar Vénus/Aphrodite	Brigit Circé Hécate Odin Perséphone

TABLEAU D'INTERPRÉTATION DES RUNES

Ces symboles vous seront utiles dans l'interprétation des runes (voir p. 64)

SYMBOLES		INTERPRÉTATION
Soleil		Lion, feu, protection, renouveau, masculin, dynamisme, richesse, santé, source.
Lune		Cancer, eau, féminin, émotion, nuit, mystère, transition, ce qui est caché, rêve, instabilité, attraction, difficulté.
Vol d'oiseau		Mercure, gémeaux, air, mouvement, communication, messages, échanges, inattendu, expression, anxiété.
Anneaux		Mercure, vierge, Terre, union ou séparation, et, dans tous les domaines, contrats, accords, associations.
Romance		Mars et Vénus, bélier et balance, feu et air, connexion, amour, passion, union ou séparation dans le domaine affectif.
Femme		Vénus, taureau, Terre, les femmes, la consultante.
Homme		Mars, bélier, feu, les hommes, le consultant
Récolte		Jupiter, sagittaire, feu, chance, abondance, récompense, croissance, avantages, sécurité matérielle.
Carrefour		Saturne, capricorne, Terre, choix, indécision, doute, opposition, croisée des chemins, contradiction.
Étoile		Uranus, verseau, air, espoir, destin, excès, illusions.
Vagues		Neptune, poissons, eau, voyage, solitude, intuition, imagination, mystère, sacrifice, spiritualité.
Faux		Pluton, scorpion, eau, changement ou séparation brusque, décisions définitives, danger, mort, maladie, difficulté, douleur.
Œil		Votre connexion, visions, les quatre éléments, clairvoyance, mauvais œil, malaise, précipitation des événements.

LES FICHES PRATIQUES

1 ✶ DIFFICULTÉ ⌛ 1 LUNAISON

PRÉPARER UN MACÉRÂT DE PLANTES

De quoi s'agit-il ?

Le macérât huileux est le résultat de la macération de plantes, dans une huile végétale le plus souvent. L'huile végétale devient alors le support des principes actifs contenus dans la plante. Les macérâts huileux permettent de créer des onguents, des huiles magiques (voir l'huile d'onction pour bougie p. 56), et des cosmétiques. Parmi les différentes méthodes de macération, en voici une facile à réaliser.

Comment procéder ?

1 ✶ Choisissez une huile qui restera stable au fil des mois, telle que l'huile d'olive, de sésame ou d'amande douce.

2 ✶ Remplissez un pot en verre stérilisé avec les plantes sèches de votre choix jusqu'à moitié. Puis recouvrez-les entièrement avec l'huile.

3 ✶ Fermez le pot et laissez-le reposer 3 à 6 semaines en le secouant régulièrement. Vérifiez également le niveau d'huile : elle doit toujours recouvrir les plantes, afin que celles-ci ne s'oxydent pas. Ajoutez-en au besoin.

4 ✶ Filtrez et versez dans un contenant propre et bien identifié (huile + plante + date de fabrication).

LE SAVIEZ-VOUS ?

Les macérâts de millepertuis, de pâquerettes et de calendula sont appréciés pour l'énergie solaire qu'ils apportent et leur correspondance avec l'élément feu, le macérât de vanille pour ce qui a trait à la douceur et à l'amour, par exemple.

Conseil de la sorcière

Pour certaines plantes, comme le millepertuis, la macération est solaire. Le bocal doit alors être placé au soleil, à l'extérieur ou à l'intérieur, au moins plusieurs heures par jour. Les huiles et les plantes étant sensibles aux UV, il est recommandé de placer le bocal exposé à la lumière du soleil dans un papier kraft ou un tissu qui ne laisse pas passer la lumière. L'huile macère ainsi doucement au soleil, tout en sauvegardant la totalité des principes actifs de la plante.

2

DIFFICULTÉ — 10 MIN À 1H

CRÉER SES FORMULES MAGIQUES ET SES INCANTATIONS

De quoi s'agit-il ?

Le verbe est considéré comme sacré (« sa-créé » comme disent les alchimistes) depuis l'Antiquité. Formules magiques et incantations font partie d'une grande majorité de rituels. La magie du son, à travers la voix, met en action les énergies. Les mots choisis pour exprimer la volonté d'action permettent de diriger ces énergies pour atteindre votre objectif. Elles sont la passerelle entre votre conscient, votre inconscient et les mondes subtils. En créant votre propre formule, vous créez déjà une intention et une action magique.

LE SAVIEZ-VOUS ?

La formule magique est le contenu, les paroles choisies donnent le sens et la direction aux énergies.

L'incantation est la façon dont on récite les formules (en psalmodiant ou en chantant, par exemple) pour mettre en action ces énergies.

Comment procéder ?

1 * Il suffit de résumer de façon claire la situation que vous voulez atteindre en évitant les négations. Les rimes permettent souvent de donner un rythme à votre diction.

2 * Il faut qu'une formule magique vous fasse vibrer, tel un mantra. Souvent, elle permet d'atteindre l'état de transe.

3 * Une formule magique doit être exprimée avec foi, sans bafouiller, en étant sûr de vous et dans le respect des énergies auxquelles vous vous adressez. Souvent, dans les étapes du rituel, on rassemble les outils, on les consacre, on crée la formule magique et, enfin, on confère les pouvoirs avec elle.

4 * Vous pouvez créer une formule pour chacun de vos objets et de vos rituels.

5 * Si vous vous adressez à des divinités, n'oubliez pas de les remercier.

Protection du foyer

Que les mauvaises vibrations
quittent ma maison.

Que les énergies négatives
disparaissent de mon horizon.

Que mon foyer soit protégé,
le positif y est ancré.

Que les forces supérieures
me soient protectrices.

Leurs énergies sont ici en amies,
si le bon, elles font naître dans mon nid.

Conseils de la sorcière

- Le chiffre 3 est associé à la création, ce qui explique pourquoi il est souvent préconisé de réciter trois fois les formules.
- N'utilisez ces formules que dans le cadre de vos rituels.

3

DIFFICULTÉ AU MOINS 1H

METTRE EN PLACE UN RITUEL MAGIQUE

De quoi s'agit-il ?

Un rituel est une cérémonie magique constituée de règles spécifiques. En haute magie, on constate une certaine méthodologie, même si tous les rituels ne sont pas identiques. Si vous ne trouvez pas de rituel qui vous correspond, il vous sera possible de créer les vôtres, à condition d'être à l'aise dans votre pratique. En général, la répétition et la pratique contribuent à l'efficacité. Ici, vous trouverez les grandes lignes qui vous permettront de visualiser le déroulement d'une cérémonie magique et de vous guider.

Conseil de la sorcière

Vous pouvez, à la fin de votre cérémonie magique, effectuer un nouveau nettoyage énergétique afin d'évacuer les résidus d'énergies sans attendre votre prochain rituel.

Comment procéder ?

1 ✶ Préparez votre autel et rassemblez vos outils.

2 ✶ Purifiez votre espace sacré (fumigation) et relaxez-vous et nettoyez-vous énergétiquement avec un bain rituel.

3 * Ouvrez le cercle magique, qui est la porte entre ce monde et les mondes supérieurs (voir p. 44).

4 * Invoquez les éléments et/ou les énergies, les déités.

5 * Procédez à l'acte rituel, durant lequel vous condensez et transformez les énergies (mantra, formule, utilisation de vos créations magiques).

6 * Projetez ces énergies (jetez le sort).

7 * Remerciez les éléments, anges ou divinités appelés, puis fermez le cercle.

LE SAVIEZ-VOUS ?

Souvent, on compte en lunaison (mois lunaire) ou en lune la durée approximative d'un sort ou de certaines créations magiques. Une lune correspond à un cycle lunaire (une lunaison), soit environ 1 mois.

Points d'attention

1 * Choisissez le bon moment pour le faire (jours, influences des astres, etc., comme les phases lunaires. Exemple : le rituel de prospérité se pratique idéalement le jeudi, jour de Jupiter, quand la planète ne rétrograde pas). Votre propre énergie et votre état d'esprit sont aussi importants.

2 * Choisissez ou créez la bonne formule magique pour votre rituel.

3 * Choisissez le bon matériel et les bons ingrédients (herbes, encens, bougies, etc.), qui devront être consacrés systématiquement et qui sont une analogie et le symbole du but recherché. Ces étapes sont importantes car elles conditionnent l'efficacité de vos sorts.

4

DIFFICULTÉ 30 MIN

CONSACRER UN OBJET

De quoi s'agit-il ?

La consécration consiste à imprégner un objet d'une énergie et d'une intention magique en la bénissant et, par conséquent, à lui conférer un rôle dans la pratique ésotérique. L'objet devient sacré et n'est plus profane, comme un objet lambda. En sorcellerie, les outils sont systématiquement consacrés lors du rituel de consécration. Pour conférer une charge énergétique à vos outils, il existe plusieurs façons de faire. Voici une trame plutôt traditionnelle et simple du déroulement d'un rituel de consécration.

Comment procéder ?

1 ✶ Nettoyez et purifiez de ces énergies parasites l'objet que vous souhaitez consacrer avec une fumigation à la sauge ou au palo santo, ou avec un encens naturel que vous pouvez créer vous-même pour cette fonction (voir p. 62).

2 ✶ Rassemblez votre matériel : 1 bol de sel (noir, de préférence), 1 calice d'eau, de l'encens, 1 bougie (blanche par défaut).

3 ✶ Pour ouvrir une bulle d'énergie, tracez votre cercle magique : il peut être physique, dessiné sur le sol ou sur le corps (voir p. 38 à 44) ou non physique, créé énergétiquement à l'aide de la visualisation et projeté par le sorcier dans son espace sacré (ce qui nécessite une bonne maîtrise des énergies).

LE SAVIEZ-VOUS ?

Les rituels de consécration sont souvent parmi les premiers rituels que les sorcières sont amenées à faire dans leur pratique. Les outils magiques symbolisent dans la matière l'énergie que votre spiritualité cristallise.

Les rituels de consécration peuvent aussi être faits pour un lieu.

4 ✶ Utilisez la visualisation et votre magnétisme naturel pour canaliser vos énergies. Centrez vos intentions sur l'objet en le prenant dans vos deux mains ou en les apposant au-dessus de lui. Durant cette étape importante, vous insufflez la charge énergétique (vous pouvez d'ailleurs également souffler sur l'objet à ce moment-là). Cela peut aussi être le moment de formuler le rôle conféré à l'outil (voir le point n° 6). Vos mains doivent se mettre comme à picoter et il faut continuer jusqu'à ce que cette sensation s'arrête.

Conseil de la sorcière

Si un jour vous souhaitez vous séparer d'un objet magique ou le rendre à une vie « normale », il faudra faire un rituel d'exécration (le contraire de consécration).

5 ✶ Appelez les éléments et/ou les gardiens ou les divinités.

Par exemple, les éléments :

« J'invoque les gardiens du nord et les pouvoirs de l'élément terre. »
Posez ensuite l'objet sur votre bol de sel (ou trempez-le dedans).

« J'invoque les gardiens de l'est et les pouvoirs de l'élément air. »
Passez ensuite votre objet à travers la fumée de l'encens.

« J'invoque les gardiens du sud et les pouvoirs de l'élément feu. »
Passez ensuite l'objet au-dessus de la flamme de la bougie allumée.

« J'invoque les gardiens de l'ouest et les pouvoirs de l'élément eau. »
Déposez une goutte d'eau de votre calice sur l'objet.

6 ✶ Formulez le rôle et la fonction dédiée de l'objet.

Par exemple :

« Au nom des Anciens, je fais mien et consacre cet "nom de l'instrument" [comme l'athamé] aux arts de la magie. »

7 ✶ Remerciez, verbalement et/ou avec des offrandes.

LES CRÉATIONS MAGIQUES

PENTAGRAMME DE RECHARGEMENT ÉNERGÉTIQUE

Le pentacle et le pentagramme sont des symboles ésotériques de protection puissants, qui permettent de concentrer l'énergie, de l'amplifier et de la canaliser. Ils sont utiles pour charger et bénir vos préparations. Si vous êtes à l'aise en pyrogravure ou en dessin, vous pouvez les tracer à la main sur une surface permettant ensuite de poser votre préparation. Ici, il s'agit de la façon la plus simple et la plus efficace de tracer un pentagramme à l'aide de minéraux.

Fiches pratiques

n° 2 : p. 28, n° 3 : p. 30

Matériel

- Amas d'améthystes ou de pointes de cristal de roche

1 * Tracez avec soin un pentagramme en faisant le vide dans votre esprit. Même si la forme n'est pas parfaite, l'important est que les pierres soient connectées en se touchant entre elles.

2 * Posez votre préparation ou votre objet au centre. Vous pouvez choisir de réciter votre incantation à ce moment-là avant de la laisser reposer.

Conseil de la sorcière

Se lancer dans un rituel magique n'est pas sans conséquence, la pratique de la sorcellerie n'est pas aussi simple que de se lancer dans une recette de cuisine… Prenez toujours le temps de bien vous renseigner au préalable.

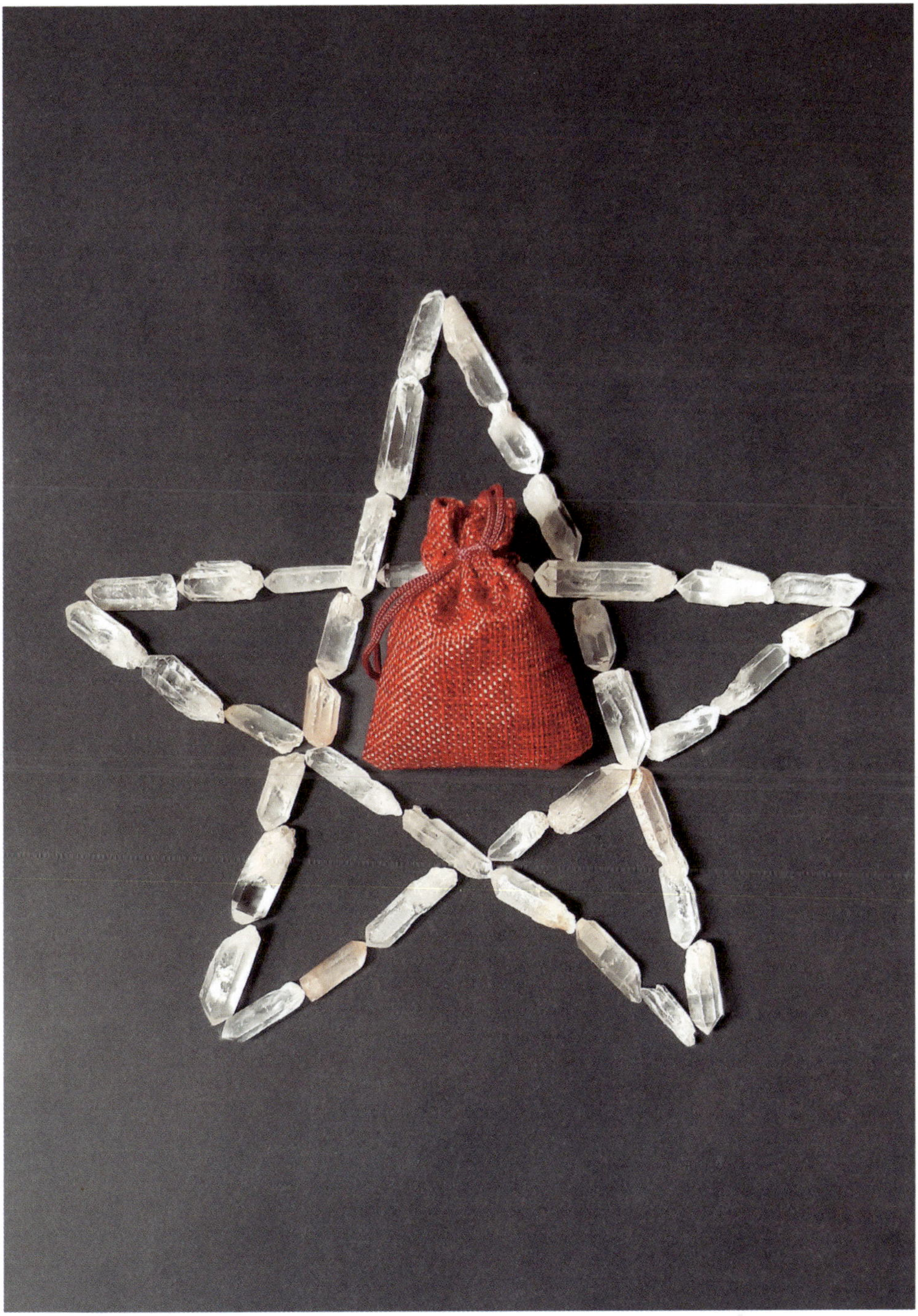

DIFFICULTÉ 13 LUNAISONS

PENTAGRAMME SAISONNIER À SUSPENDRE

Ce pentagramme naturel, parmi les plus simples à réaliser, est typique du paganisme. Épis de blés, brins de lavandes, branchettes de bois… de nombreuses matières se prêtent à la confection de ce symbole qui ornera votre autel.

Matériel et ingrédients

- 1 paire de ciseaux
- De la corde fine ou du fil de lin (privilégiez les matières naturelles et pensez à jouer sur les symboliques de couleur ou les saisons par exemple, l'assemblage de petits détails forme la magie de votre création)
- 35 brins de blé, de lavande ou d'orge de 20 cm (utilisez la symbolique du chiffre que vous souhaitez pour confectionner votre pentacle : par exemple, le chiffre 7 est associé à l'abondance, la perfection, la création)

1 ✶ Formez 5 bouquets de 4 brins et 5 bouquets de 3 brins ; chaque pointe aura 7 brins.

2 ✶ Sur une surface plane, formez votre pentacle en le disposant de manière à obtenir 7 épis sur chaque pointe : juxtaposez tête-bêche 1 bouquet de 5 brins et 1 autre de 3, puis nouez les extrémités, avec autant de nœuds que la symbolique du chiffre choisi.

3 ✶ Renouvelez l'opération pour obtenir 5 branches identiques.

4 ✶ Nouez les jonctions intérieures, ce qui vous permettra de jouer sur les finitions, les couleurs de fil ou de ruban, de l'orner de fleurs ou autres décorations de votre choix.

5 ✶ Vous pouvez à présent suspendre votre pentagramme au-dessus de votre autel !

Conseil de la sorcière

Pour transformer votre pentagramme en pentacle, il vous suffira de l'encercler par exemple avec une couronne de fleurs.

PENTAGRAMME DU CORPS

En sorcellerie, le corps peut être utilisé comme une antenne. Nous pouvons capter les énergies et en émettre. Ici, nous allons voir comment se servir de son corps comme d'un pentagramme et comment l'utiliser lors de différents types de rituels.

Avant la pratique

Il vous faudra vous entraîner en imaginant votre double projeté devant vous comme si vous étiez votre ombre. Puis, une fois le traçage intégré dans votre esprit, vous pourrez le tracer sur votre corps avec votre main tout en visualisant.

1 ✶ Visualisez votre troisième œil et votre chakra couronne, c'est « l'emplacement » qui symbolisera la pointe de votre pengramme, celle qui correspond au divin, à la suprématie de l'esprit sur la matière, à la bienveillance, à la protection.

2 ✶ Visualisez votre main droite, qui correspondra à l'élément terre.

3 ✶ Visualisez votre épaule gauche, qui correspondra à l'élément eau.

4 ✶ Visualisez votre épaule droite, qui correspondra à l'élément air.

5 ✶ Visualisez votre main gauche, qui correspondra à l'élément feu.

Comment l'utiliser ?

Vous pouvez associer la visualisation au geste lors de rituels de protection, de bannissement ou d'invocation, mais aussi lors de l'utilisation de certains onguents.

Pour invoquer ou protéger, commencez le traçage du symbole avec votre main gauche, depuis la pointe de votre tête et en descendant vers votre bras droit. Ensuite, remontez à votre épaule gauche, puis droite et redescendez pour finir avec votre main gauche à sa place initiale.

Pour le bannissement, commencez le traçage avec votre main droite, remontez à la pointe de la tête, descendez au niveau du bras gauche, puis remontez sur l'épaule droite et finissez sur l'épaule gauche.

LE SAVIEZ-VOUS ?

En magie, il existe toutes sortes de gestuelles, que ce soit avec ou sans outils, tel l'athamé. Souvent, on accompagne les paroles sacrées aux gestes et, par conséquent, on fait de l'action un acte de sacralisation.

Conseil de la sorcière

Une fois à l'aise pour solliciter votre corps « en tant qu'antenne », vous pouvez y associer d'autres symboles, comme l'alphabet runique (Futhark). Si vous apprenez à connaître les runes, vous découvrirez que chacune représente une énergie puissante et mystique. Il est dit d'ailleurs que Futhark signifie « savoir secret », « murmures ».

PENTACLE DU CERCLE MAGIQUE

Le but du cercle est de protéger ceux qui s'y trouvent et de conserver dans un espace déterminé l'énergie qui y sera créée, élevée et projetée. Il est important de préciser que le cercle est en fait une sphère, une bulle, qu'il vous faut visualiser en 3D. Plusieurs façons de faire existent, voici un exemple du traçage d'un cercle simple.

Fiche pratique nº 3 : p. 30

Matériel et ingrédients

- Des bougies • De l'encens
- 1 calice • 1 bol • 1 chaudron • Sel

1 ✶ Tracez votre pentacle avec du sel pour une meilleure protection, mais il peut aussi être tracé à l'aide de votre athamé, au doigt, ou à la craie. Depuis l'est, faites un tour dans le sens des aiguilles d'une montre (est, sud, ouest, nord), puis revenez à l'est pour fermer le cercle. Vous pouvez faire soit un pentagramme, soit un cercle simple, en disposant des bougies aux emplacements représentant les pointes du pentagramme.

2 ✶ Disposez les éléments dans le cercle magique : à l'est (élément air) votre encens rituel, au sud (élément feu), chaudron ou 1 bougie de couleur en concordance avec votre rituel (à défaut prenez une bougie blanche), à l'ouest (élément eau), le calice rempli d'eau, au nord (élément terre), le bol rempli de sel.

3 ✶ Placez-vous face à l'est, prenez l'encens et dites : « *Par cet encens, je consacre ce cercle.* »

4 ✶ Placez-vous ensuite face au sud, allumez la bougie et dites : « *Par le feu sacré, je consacre ce cercle.* »

5 ✶ Placez-vous face à l'ouest, aspergez le sol de quelques gouttes d'eau et dites : « *Par l'eau du ciel, je consacre ce cercle.* »

6 ✶ Placez-vous face au nord, prenez le sel et dites : « *Par le sel de la terre, je consacre ce cercle.* »

7 ✶ Votre cercle est prêt et vous pouvez maintenant pratiquer.

LE SAVIEZ-VOUS ?

Le pentacle est la forme la plus utilisée et celle qui est conseillée aux novices. Arrivé à un certain niveau de pratique, il est possible de le faire de plusieurs façons, y compris par la visualisation. Il faut toutefois être sûr de savoir se protéger.

Conseil de la sorcière

Un cercle peut être davantage « habillé », selon vos rituels. Vous pouvez ajouter des minéraux aux quatre points cardinaux ou aux pointes de votre pentacle. Cependant, il vous faudra toujours être cohérent dans les associations de vos pierres et des outils utilisés en fonction de leurs symboliques (voir tableau p. 21).

SEL MAGIQUE

L'utilisation du sel noir comme élément protecteur est un outil puissant dans la création du cercle magique. Il absorbe et contient les énergies et élimine les influences diverses environnantes. Cependant, il n'est pas toujours facile de s'en procurer. Nous allons voir ici comment créer un sel magique et le personnaliser, ce qui vous sera utile pour la conception d'autres créations magiques.

Fiches pratiques

n° 3 : p. 30, n° 4 : p. 32

Matériel et ingrédients

- 1 mortier et son pilon
- 1 pot
- 20 g de sel blanc
- Au moins 3 sortes d'herbes sèches (asafoetida, coriandre, gentiane, laurier, lavande, sauge, sorbier, sureau, trèfle) en quantité suffisante pour obtenir 10 g de cendres
- Résine de copal ou benjoin (facultatif)

1 ✶ Videz votre esprit de tout sentiment, sauf pour vos véritables intentions dans la préparation du sel noir.

2 ✶ Concentrez-vous sur les utilisations positives de la potion et écrasez le sel dans le mortier.

3 ✶ Brûlez les herbes de protection dans votre chaudron ou dans un encensoir avec charbon (vous pouvez également ajouter des résines protectrices).

4 ✶ Laissez brûler jusqu'à l'obtention des cendres, puis laissez refroidir.

5 ✶ Écrasez les morceaux restants dans les cendres en une poudre fine et ajoutez-les au sel. Comptez un tiers de cendres pour deux tiers de sel environ.

6 ✶ Une fois le sel noir mélangé, stockez-le dans un bocal en attendant de le consacrer.

LE SAVIEZ-VOUS ?

Certains préconisent l'utilisation du sel de mer ou kasher, tandis que, pour d'autres, n'importe quel gros sel fait l'affaire.

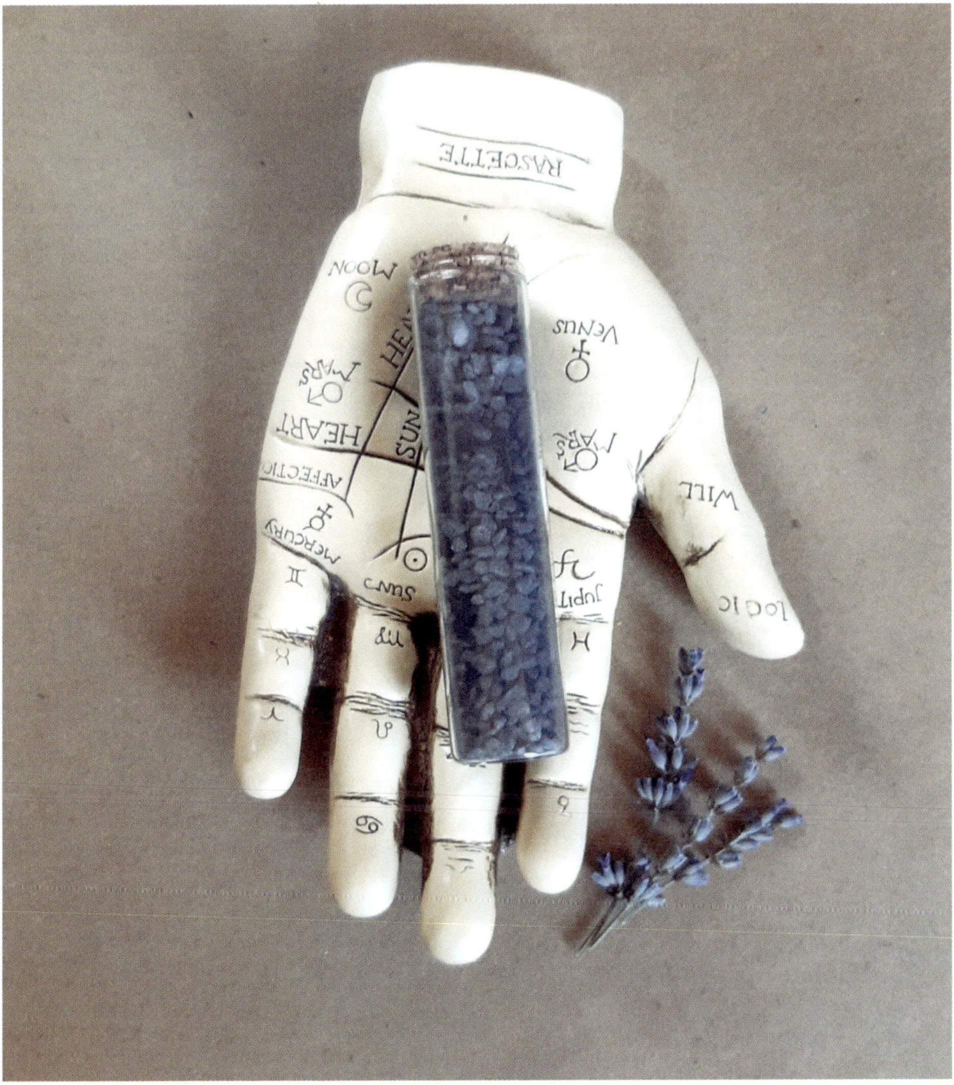

Conseils de la sorcière

- Vous pouvez répandre ce sel en ligne devant les portes et fenêtres pour empêcher les énergies ou entités négatives de pénétrer.
- Comme le sel noir absorbe les énergies négatives, vous devez vous en débarrasser soigneusement une fois le rituel fini. Vous devez également tenir compte de la nature et de l'environnement et ne pas le jeter n'importe où. Il pourra être dissipé dans l'eau, brûlé, dispersé en très petites quantités aux quatre vents, par exemple.

PROTECTION ET NETTOYAGE ÉNERGÉTIQUE — DIFFICULTÉ — 3 À 6 LUNAISONS

EAU DE SAUGE

L'eau de sauge, ou hydrolat, est créée par un procédé de distillation qui permet de conserver les principes actifs des plantes, et donc d'utiliser l'alchimie végétale pour créer une brume qui vous permettra de nettoyer, de purifier une pièce, l'espace de votre autel, votre aura, mais aussi de protéger vos minéraux, vos outils et même vos bijoux qui ne craignent pas l'eau, à la manière d'un bâton de sauge. Voici une méthode qui ne nécessite pas d'alambic.

Matériel et ingrédients pour 1 l d'eau florale

- 1 grande marmite avec un couvercle étanche
- 2 récipients, dont un plus petit pouvant aller dans la marmite
- 1 flacon spray de 1 l
- 1 kg de sauge fraîche ou sèche
- Glaçons (facultatif)

Conseil de la sorcière

Privilégiez un couvercle bombé, les gouttes d'eau florale récoltées tomberont plus facilement dans le récipient.

1 ✶ Déposez la sauge dans la marmite et placez le plus petit récipient au-dessus (il va récolter l'eau florale).

2 ✶ Recouvrez d'eau sans remplir complètement. Il faut que vous puissiez mettre le couvercle à l'envers.

3 ✶ Déposez les glaçons sur le couvercle et laissez chauffer pendant 1 heure.

4 ✶ Récoltez l'eau dans le second récipient pour laisser refroidir un peu avant de la verser dans le contenant définitif.

5 ✶ Étiquetez soigneusement puis conservez au frais, de préférence durant 3 mois à 6 mois maximum.

6 ✶ Ritualisez votre eau de sauge avant utilisation.

Eau de Sauge
Brume de Séléné
MyEimeon

BÂTON DE FUMIGATION

L'utilisation de la fumigation à des fins magiques, pour la protection, la divination et différents rituels, remontent à la nuit des temps. Il vous permettra, entre autres, de purifier des objets, des lieux ou des personnes.

Matériel et ingrédients pour 1 bâton

- Ficelle en matière naturelle (coton, chanvre ou lin), de couleur si vous souhaitez utiliser la symbolique de celle-ci
- 1 paire de ciseaux
- Plantes aromatiques (sauge, romarin, etc.), fleurs sauvages ou bâtonnets de résineux

1 ✶ Taillez les plantes pour qu'elles aient à peu près la même taille (10 cm, par exemple).

2 ✶ Assemblez-les en veillant à mettre les plus fragiles au centre et serrez le tout.

3 ✶ Faites un premier nœud avec la ficelle à la base du bouquet en le maintenant bien serré.

4 ✶ Remontez la ficelle en tournant tout le long du bouquet, toujours en serrant bien.

5 ✶ Lorsque les herbes sont bien entourées, faites un autre nœud. Si nécessaire, répétez l'opération dans le sens inverse.

6 ✶ Faites sécher votre bâton de fumigation durant au moins 1 mois la tête en bas, dans un endroit frais, sec et à l'abri de la lumière.

Conseil de la sorcière

La fumigation est déconseillée en présence de femmes enceintes ou de jeunes enfants.

DIVINATION · DIFFICULTÉ · UN RITUEL

BOUGIE DE RITUEL CIRE D'ABEILLE

Cette bougie traditionnelle est une base pour tout rituel magique. Elle sera associée à une huile d'onction et consacrée par la suite dans un but précis.

Fiches pratiques

n° 2 : p. 28, n° 3 : p. 30, n° 4 : p. 32

Matériel et ingrédients

- Feuilles de cire d'abeille
- Mèche pour bougie, en coton tressé de préférence
- 1 paire de ciseaux
- 1 mortier et son pilon
- Mélange d'herbes (adaptable selon votre rituel)

Conseils de la sorcière

- Il est préférable de mettre les herbes à la fin, pour éviter les grosses flammes lors de la combustion de la bougie.
- Dans l'idéal, achetez les feuilles de cire chez un apiculteur, sinon sur Internet ou en magasin bio.

1 ✶ Consacrez les herbes avec votre formule.

2 ✶ Pilez les herbes au mortier.

3 ✶ Redécoupez les feuilles de cire selon la taille de bougie que vous souhaitez obtenir.

4 ✶ Placez une mèche à l'extrémité de chaque feuille de cire et enroulez la feuille autour en maintenant le tout bien serré.

5 ✶ Une fois arrivé vers la fin du rouleau, ajoutez quelques pincées du mélange d'herbes.

6 ✶ Terminez de rouler votre feuille de cire en emprisonnant les herbes.

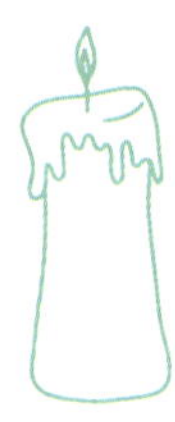

AMOUR ET SEXUALITÉ — DIFFICULTÉ — UN RITUEL

BOUGIE DE CÉLÉBRATION

Cette bougie décorée d'un mélange d'herbes vous servira à célébrer vos sabbats ou vos esbats. Cette recette généralement destinée à la célébration de Beltane peut aussi fonctionner pour les sortilèges d'amour.

Fiches pratiques

n° 2 : p. 28, n° 3 : p. 30, n° 4 : p. 32

Matériel et ingrédients

- 1 bougie blanche de type cierge
- 1 bougie blanche de type chandelle ou chauffe-plat
- 1 mortier et son pilon
- 1 plat (pouvant accueillir la bougie allongée), du papier aluminium ou sulfurisé
- 1 petit chalumeau à pâtisserie (ou, à défaut, un sèche-cheveux)
- Fleurs séchées (calendula, aubépine, rose et/ou bleuet rose)

1 ✶ Recouvrez l'intérieur du plat de papier aluminium ou sulfurisé.

2 ✶ Dans le mortier, pilez le mélange d'herbes séchées.

3 ✶ Enlevez les tiges, les gros morceaux et les fleurs fanées, puis versez dans le plat.

4 ✶ À l'aide du chalumeau, chauffez le cierge pour le ramollir.

5 ✶ Roulez immédiatement et rapidement la bougie dans le plat contenant les herbes.

6 ✶ Sur les zones non recouvertes, coulez de la cire de l'autre bougie et saupoudrez du mélange d'herbes ; ou, inversement, saupoudrez les zones non recouvertes et, à l'aide de l'autre bougie, coulez un peu de cire pour fixer les herbes.

7 ✶ Consacrez la bougie avec votre formule.

HUILE D'ONCTION POUR BOUGIE

La bougie est considérée comme un excellent condensateur de fluide énergétique. La cire associée à l'huile d'onction lors de la combustion permet d'amplifier la charge en énergie protectrice et donc d'attirer la protection.

Fiches pratiques

n° 1 : p. 26, n° 2 : p. 28, n° 3 : p. 30, n° 4 : p. 32

Matériel et ingrédients pour 30 ml

- 1 bol
- 1 contenant de 30 ml, avec compte-gouttes de préférence
- 25 ml macérât de lavande sur une base d'huile d'olive
- 2 feuilles de sauge
- 2 feuilles de basilic sèches
- 1 bâton de palo santo
- 5 brins de romarin
- 7 gouttes d'huile essentielle de romarin
- 1 pointe de cristal de roche

1 ✶ Consacrez vos outils et vos ingrédients.

2 ✶ Mettez la pointe de cristal de roche dans le contenant pour le purifier et le nettoyer.

3 ✶ Effritez les feuilles de basilic et de sauge dans le bol.

4 ✶ Râpez 2 lamelles du bâton de palo santo et émiettez-le dans le bol d'herbes, puis mélangez le tout.

5 ✶ Ajoutez le mélange d'herbes dans le contenant.

6 ✶ Versez le macérât sur les herbes et ajouter 7 gouttes d'huile essentielle de romarin.

7 ✶ Bénissez le tout avec votre formule.

LE SAVIEZ-VOUS ?

Cette huile d'onction peut être utilisée sur des tissus ou des objets et servir dans tous vos rituels de purification ou de protection énergétique.
Dans la pratique ésotérique, les bougies font partie des incontournables, il est important de les charger d'une intention et d'une énergie qui va définir leur fonction magique pour les rendre efficaces lors des rituels.

Conseil de la sorcière

Vous pouvez au préalable charger en énergie votre macérât dans un pentacle pour amplifier sa magie.

AMULETTE DE PROTECTION

L'amulette est un objet que l'on porte sur soi à la manière d'un porte-bonheur et auquel on accorde des vertus de protection ou de porte-chance. Il ne fonctionne que pour son porteur, et c'est l'énergie de celui-ci qui l'active.

Fiches pratiques

n° 2 : p. 28, n° 3 : p. 30

Matériel et ingrédients

- 1 mortier et son pilon
- 1 pochon en tissu (cousu main de préférence), avec 1 long cordon pour le porter autour du cou
- 1 petit papier
- 1 pierre de protection de petite taille préalablement purifiée et rechargée (voir p. 21)
- Sel (de préférence un sel magique fait pour votre amulette, voir p. 46)
- 1 pincée de résine d'oliban et/ou de copal
- 1 pincée de sauge séchée, 1 pincée de lavande séchée, 1 pincée de basilic séché, 1 pincée de romarin séché
- Baies de sureau, d'aubépine et/ou de sorbier

LE SAVIEZ-VOUS ?

L'amulette peut être conçue dans diverses matières : pierre, bois, os, métal, plante, etc. Toutes sortes d'amulettes ont existé selon les cultures et les époques.

1 ✶ Pilez les herbes dans le mortier. Pilez ensuite les résines et mélangez-les aux herbes.

2 ✶ Placez le sel au fond du pochon. Ajoutez-y le mélange d'herbes et de résine. Complétez avec les baies non pilées.

3 ✶ Insérez délicatement la pierre de protection au milieu du mélange.

4 ✶ Sur le petit papier, écrivez un mot symbolisant votre intention (ici, la protection) ou bien dessinez un symbole ou un sigil (association de symboles) lié à cette intention (protection : pentacle, œil d'Horus).

5 ✶ Pliez le papier en trois et placez-le dans le pochon. Fermez celui-ci.

6 ✶ Votre amulette est prête, il vous reste à lui conférer ses pouvoirs à l'aide de votre formule.

Conseil de la sorcière

La pleine lune est le moment idéal pour consacrer vos ingrédients et conférer ses pouvoirs à votre amulette.

TALISMAN À SUSPENDRE

Le talisman est un objet qui porte des images symboliques. Voici comment en réaliser un de façon simple, sans avoir recours à un condensateur d'énergie, mais en utilisant des matières premières qui lui permettront de garder sa charge énergétique et d'agir dans votre espace sacré en étant autonome énergétiquement.

Fiches pratiques

n° 2 : p. 28, n° 3 : p. 30

Matériel

- 1 paire de ciseaux
- Du fil, de cuivre de préférence (il en existe de différentes couleurs, que vous pouvez choisir selon leur symbolique)
- Des minéraux, percés sous forme de perles ou de pendentifs et choisis avec soins pour leurs vertus
- Vous pouvez utiliser également des plumes, des os, des griffes, des dents, des coquillages, des bouts de bois que la nature vous aura offerts et intégrer un symbole protecteur à graver sur du bois, une pierre, un os…

Avant la pratique

Déterminez le nombre d'éléments que vous souhaitez utiliser. Par exemple, 11 perles de pierre, nombre associé aux anges, 1 pointe de cristal de roche pour amplifier la magie du talisman, associées à 1 coquillage, 1 pierre ou 1 plume pour symboliser les éléments… Autant de symboliques qui constituent et illustrent l'intention magique.

1 * Coupez le fil de cuivre selon la longueur souhaitée pour votre talisman.

2 * Enfilez les perles dessus, sans oublier, à l'endroit où vous souhaitez le nouer, d'utiliser une symbolique, comme trois tours ou nœuds pour symboliser la création ou le principe de vie. La cohérence des petits détails amplifie son efficacité. Les couleurs, les nombres (de perles, de nœuds, etc.), chacun laissera aussi exprimer sa créativité, même si le but premier n'est pas esthétique.

3 * Pour finir votre talisman, suspendez-le et ajoutez au bout les éléments choisis préalablement : pointe de cristal de roche ou améthyste, plumes ou symboles.

4 * Tracez votre cercle magique (voir p. 44) pour la consécration de votre talisman et récitez l'incantation que vous lui aurez dédiée afin de l'activer.

LE SAVIEZ-VOUS ?

Le cuivre est un métal affectionné des alchimistes et des sorcières, car c'est un conducteur d'énergies.

Conseils de la sorcière

• Prenez le temps de vous poser, notamment mentalement, afin de faire les choses en conscience et de mettre l'intention magique dans vos mains.

• Favorisez les pierres de protection et de connexion avec les plans supérieurs, comme l'améthyste ou les cristaux de roche, qui sont des pierres protectrices, d'harmonisation et amplificatrices de pouvoirs.

PROTECTION ET NETTOYAGE ÉNERGÉTIQUE — DIFFICULTÉ — ILLIMITÉE

ENCENS DE YULE À BRÛLER SUR DU CHARBON

Les encens représentent l'élément air et sont des outils incontournables dans vos rituels. Ils permettent de purifier et de nettoyer l'atmosphère de votre espace sacré, de créer une ambiance mystique et favorisent les connexions sur les différents plans. Voici comment en créer un totalement naturel pour votre solstice d'hiver, avec les odeurs de cette saison. Il sera parfait pour célébrer votre sabbat de Yule.

Fiches pratiques

n° 2 : p. 28, n° 3 : p. 30

Matériel et ingrédients

- 1 mortier et son pilon
- 1 bol
- 1 contenant, de préférence en verre pour une meilleure conservation
- 15 g de plantes : cannelle, cardamome, clou de girofle, noix de muscade
- 15 g de résine de copal

1 ✶ Écrasez au mortier les plantes les unes après les autres et selon la capacité de votre contenant. La quantité de plantes doit être égale à celle de la résine.

2 ✶ Une fois les plantes pilées, mélangez-les délicatement.

3 ✶ Incorporez la résine, que vous pouvez laisser en grains ou réduire en poudre au mortier, selon votre préférence.

4 ✶ Consacrez votre encens avec une formule et laissez votre préparation charger (soit un soir de pleine lune, soit dans un pentacle de minéraux).

5 ✶ Versez-la dans le contenant. Conservez au sec.

LE SAVIEZ-VOUS ?

Un encensoir pour charbon est nécessaire pour ce type d'encens, et le charbon adapté est le même que celui qui est utilisé pour la chicha. Vous le trouverez dans les boutiques spécialisées dans l'ésotérisme et dans les bureaux de tabac.

Conseils de la sorcière

• La résine peut coller durcir. Pour l'extraire du contenant, vous pouvez l'effriter à l'aide d'un cure-dents, par exemple.

• Utilisez cet encens par pincée, car il fume beaucoup. Vous pourrez en ajouter au fur et à mesure sur votre charbon lors de votre rituel.

DIVINATION DIFFICULTÉ ILLIMITÉE

RUNES DE SORCIÈRE

Les runes sont des outils de divination, et il en existe plusieurs types. Les runes dites « de sorcière » sont une série de treize symboles destinés à des pratiques divinatoires. Il suffit de « jeter » vos runes devant vous et d'interpréter uniquement celles qui retombent avec le symbole visible.

Fiche pratique

n° 4 : p. 32

Matériel

- 13 galets
- De la peinture

1 ✶ Peignez les galets avec un fond noir, par exemple, et laissez sécher.

2 ✶ Visualisez vos treize symboles afin que, pour vous, l'interprétation soit fluide (ici, ce sont les symboles dits « traditionnels », mais vous pouvez les adapter selon vos symboliques favorites et vos capacités à les dessiner).

3 ✶ Dessinez les symboles sur les galets et laissez sécher. Utilisez la symbolique des couleurs pour donner plus de pouvoir à vos runes.

4 ✶ Consacrez vos runes avant la première utilisation.

Comment les utiliser ?

Reportez-vous au tableau p. 23 pour interpréter vos runes.

LE SAVIEZ-VOUS ?

Beaucoup de sorciers recommandent de ne pas prêter ses runes à une autre personne, car la communication avec elles pourrait alors être voilée ou troublée, et elles pourraient ne plus exprimer la vérité.

Conseil de la sorcière

Pour la création de vos runes, privilégiez l'argile, les galets, les os, les pierres semi-précieuses ou le bois. Conservez-les dans un petit sac en tissu ou en velours et pensez à les purifier régulièrement.

MOJO BAG POUR L'ABONDANCE

Un mojo bag est un sachet renfermant un sortilège. Il trouve son origine dans le Hoodoo. Préparé avec soin et dans un but précis (protection, abondance, amour, etc.), il n'est destiné qu'à une demande unique de son propriétaire.

Fiches pratiques

n° 1 : p. 26, n° 3 : p. 30, n° 4 : p. 32

Matériel et ingrédients

- 1 bougie verte
- 1 pièce de monnaie
- 1 pochon en tissu
- 1 petit papier,
- 1 pierre liée à la prospérité nettoyée et rechargée (voir p. 21)
- 1 macérât de basilic avec une base d'huile d'olive
- Sel noir ou magique (voir p. 46)
- Graines de sésame, de fenouil et de blé
- Feuilles de menthe sèches
- 1 bout de bâton de cannelle
- 1 feuille de laurier

1 ✶ Enduisez la bougie avec le macérât et allumez-la au moment de démarrer la préparation.

2 ✶ Mélangez le sel avec les graines et les feuilles de menthe émiettées.

3 ✶ Placez le mélange dans le pochon et, au milieu, ajoutez la pièce et la pierre choisie.

4 ✶ Trempez légèrement chaque extrémité du bâton de cannelle dans le macérât et ajoutez-le dans le pochon.

5 ✶ Écrivez sur la feuille de laurier le mot « abondance » ou « prospérité », versez 3 gouttes de macérât au dos et placez-la dans le pochon.

6 ✶ Ajoutez-y quelques gouttes de cire de la bougie verte en récitant votre formule.

7 ✶ Nouez le pochon et laissez charger une nuit de pleine lune ou un jour de Jupiter (soit un jeudi et, dans ce cas, utilisez un pentacle de rechargement énergétique, voir p. 38)

8 ✶ Placez le mojo bag sur votre autel ou dans un espace dédié, comme votre bureau. Vous pouvez aussi le transporter.

LE SAVIEZ-VOUS ?

Contrairement à l'amulette qui peut accompagner son porteur dans la durée, le mojo bag est un sortilège à durée limitée, son contenu devant être enterré ou brûlé ensuite.

Conseil de la sorcière

Vous pouvez ajouter un objet ou un élément symbolisant votre demande : une plume symbolisant l'aide de vos guides, un coquillage symbole de porte-bonheur, un cœur pour l'amour, etc.

DIVINATION ✶✶ DIFFICULTÉ 13 LUNAISONS

BOUTEILLE D'AUTEL

Les bouteilles d'autel remplissent souvent plusieurs fonctions. Généralement, elles représentent les offrandes faites aux énergies et aux divinités appelées lors d'un rituel ou d'un sort, elles protègent leur sorcier(ière), l'autel et l'ensemble de l'espace sacré. Elles peuvent également contenir vos sortilèges. Celle qui suit est dédiée aux quatre éléments.

Fiches pratiques

n° 2 : p. 28, n° 3 : p. 30, n° 4 : p. 32

Matériel et ingrédients

- 1 belle bouteille en verre avec un bouchon, en liège de préférence
- 1 bougie, noire de préférence
- Pour l'élément eau : des coquillages, des algues séchées ou des plantes en liaison avec l'eau ou qui symbolisent pour vous un lien avec elle. Pour ma part, le lichen, facilement trouvable en forêt, remplit ce rôle.
- Pour l'élément terre : du sel, noir de préférence, car il absorbe bien les énergies négatives, et, des plantes symbolisant un lien avec la terre.
- Pour l'élément feu : des plantes liées à cet élément ou au soleil, comme le calendula ou le gingembre. La mue de serpent symbolise aussi le feu sacré, le kundalini et le pouvoir de transformation que représente cet élément.
- Pour l'élément air : des plumes et, des plantes liées à cet élément. Les minéraux tels que l'améthyste et le cristal de roche, qui représentent la protection et les connexions supérieures, peuvent aussi être intégrés.

1 ✶ Consacrez les ingrédients.

2 ✶ Disposez-les dans la bouteille par couches, chacune correspondant à chaque élément. Vous pouvez aussi mélanger les ingrédients ou suivre votre intuition pour obtenir le rendu que vous souhaitez.

3 ✶ Refermez la bouteille et laissez-la se charger énergétiquement jusqu'à la pleine lune suivante (voir le conseil ci-contre).

4 ✶ Une fois la seconde pleine lune arrivée, scellez la bouteille à la cire de votre bougie en la répartissant bien sur les jointures. Versez-en également sur le dessus du bouchon.

5 ✶ Enchantez la bouteille avec votre formule dans un cercle magique (voir p. 28).

Conseil de la sorcière

Traditionnellement, la création d'une bouteille d'autel commence par une intention définie durant une pleine lune, la préparation doit être chargée énergétiquement pendant une lunaison et, enfin, la bouteille doit être scellée à la pleine lune suivante.

ONGUENT DE SÉDUCTION

L'onguent est de nature grasse, car, habituellement, il est fabriqué avec un macérât huileux et de la cire d'abeille. Mais il peut être plus épais ou plus liquide, selon la quantité de cire d'abeille utilisée ou si on la remplace par de l'aloe vera ou du beurre de karité, par exemple. Il se ramollit toujours lorsqu'on l'applique sur la peau, et se conserve idéalement au frais.

Fiches pratiques

n° 1 : p. 26, n° 2 : p. 28, n° 4 : p. 32

Matériel et ingrédients pour 100 ml

- 1 pot
- 30 ml de macérats mélangés (vanille, rose et jasmin)
- 5 ml d'huile d'amande douce ou macérât à base de cette huile
- 50 ml d'aloe vera en gel
- 5 g de beurre de karité
- 20 gouttes d'huile essentielle de palmarosa, de cannelle ou de girofle

1 * Faites un mélange à parts égales des trois macérats. Ajustez la quantité selon que vous souhaitez un onguent ferme ou liquide.

2 * Ajoutez un peu d'huile d'amande douce, symbole de fécondité, d'amour et d'abondance. Puis incorporez l'aloe vera.

3 * Faites fondre le beurre de karité au bain-marie à feu très doux avant de l'incorporer à la préparation. Attendez toujours que tous les ingrédients soient froids pour les mélanger.

4 * Ajoutez l'huile essentielle.

5 * Consacrez le mélange en invoquant Aphrodite avec une formule appropriée afin qu'elle vous confère ses pouvoirs d'attraction, de séduction et d'amour, et qu'elle vous aide à réveiller la Vénus en vous.

Comment l'utiliser ?

- Appliquez sur les quatre points cardinaux de votre corps (poignets et chevilles).
- Pour ancrer les effets dans le temps, vous pouvez répéter l'opération 21 jours consécutifs, idéalement en commençant le jour de Vénus (vendredi).

LE SAVIEZ-VOUS ?

Vous êtes un pentacle ! La pointe est votre tête (l'esprit dans la symbolique du pentacle), donc vous pouvez également en appliquer sur votre front. Si vous n'êtes pas allergique aux huiles essentielles, vous pouvez aussi en passer sur l'ensemble de votre corps.

Conseil de la sorcière

À chaque utilisation, la formule devra être répétée trois fois d'affilée. Cet onguent pourra également être utilisé pour enduire vos bougies lors d'un rituel d'amour ou de séduction.

POTION DE BAIN RITUEL POUR LE NETTOYAGE ÉNERGÉTIQUE

Tout bain rituel a pour but de nettoyer et de purifier le corps, mais aussi l'esprit et l'âme. Le sel qui entre dans la composition de la potion chasse les ondes négatives, et la potion de bain permet d'être réceptif (votre corps est comme une antenne) dans une atmosphère détendue. Un moment magique qui vous prédisposera à être vibratoirement prêt pour toute action magique.

Fiches pratiques

n° 1 : p. 26, n° 2 : p. 28, n° 3 : p. 30, n° 4 : p. 32

Matériel et Ingrédients

- 1 bol
- Du macérât de lavande.
- Du sel marin traditionnel, ou rose d'Himalaya ou de la mer Morte
- Des fleurs séchées et/ou des pétales (lavande, jasmin, camomille, rose, bruyère, sauge, basilic, fleur d'aubépine)
- Des huiles essentielles (ylang-ylang, lavande, cèdre, romarin, etc.)

LE SAVIEZ-VOUS ?

La rose, le jasmin et la lavande purifient et apaisent le corps, ils favorisent l'élévation spirituelle et vibratoire, la méditation, la détente, et leur parfum est divin.

1 ✶ Mélangez les huiles essentielles avec le macérât (environ 20 à 30 gouttes pour 20 ml de macérât).

2 ✶ Versez le sel dans le bol et ajoutez les fleurs séchées et/ou les pétales.

3 ✶ Mélangez le tout en incorporant doucement la préparation au macérât (10 ml peuvent suffirent pour un bain).

4 ✶ Bénissez la potion avec une formule préparée à cette intention.

Comment l'utiliser ?

Remplissez votre baignoire, puis ajoutez environ 1 l d'infusion de rose, de jasmin ou de lavande (ou un mélange des trois) et votre potion. Tout est prêt pour vous livrer à un moment de bien-être et commencer un voyage magique.

Conseil de la sorcière

Pendant votre bain rituel, allumez une chandelle et faites brûler de l'encens, ainsi les quatre éléments seront présents lors de votre purification. Vous pouvez également vous accompagner de minéraux, disposés autour de vous ou plongés dans l'eau du bain.

ÉLIXIR POUR FAVORISER LES RÊVES

Cet élixir vous permettra d'orienter le sujet de vos rêves et de voyager plus facilement dans le monde onirique mais aussi de mieux vous en souvenir au réveil. Pour accroître l'efficacité de cet élixir, vous pouvez le boire plusieurs soirs d'affilée.

Fiches pratiques

n° 2 : p. 28, n° 3 : p. 30, n° 4 : p. 32

Matériel et ingrédients

- 1 petit contenant en verre hermétique et stérilisé
- 1 bougie, violette de préférence
- Fleurs de camomille séchées
- Alcool fort (eau-de-vie, rhum ou vodka)
- 3 fleurs de mauve
- 1 petite pincée d'angélique
- 1 pincée d'armoise
- 1 pincée de valériane

1 ✶ Remplissez le contenant d'un tiers de fleurs de camomille et de deux tiers d'alcool fort.

2 ✶ Laissez macérer pendant une lunaison avant de filtrer la préparation. Veillez à ce que les plantes soient entièrement recouvertes d'alcool pendant la macération.

3 ✶ Faites infuser les fleurs de mauve, l'angélique, l'armoise et la valériane dans une petite quantité d'eau bien chaude pendant 5 minutes.

4 ✶ Une fois l'infusion filtrée, remplissez-en dans votre calice aux trois quarts et laisser refroidir.

5 ✶ Ajoutez 7 gouttes du macérât de camomille dans le calice et mélangez délicatement sept fois dans le sens inverse des aiguilles d'une montre.

6 ✶ Allumez la bougie et récitez votre formule, puis buvez d'un trait mais en laissant quelques gouttes au fond de votre calice.

7 ✶ Essuyez avec votre doigt les gouttes restantes et massez votre troisième œil.

8 ✶ Au coucher, réitérez votre formule afin de demander à votre conscience de vous rappeler votre voyage nocturne au réveil. Éteignez la bougie.

LE SAVIEZ-VOUS ?

La quantité bue n'est pas ce qui est important. Pour créer un concentré de magie, l'équivalent d'une toute petite tasse à café suffit.

Conseils de la sorcière

- Utilisez une eau préalablement chargée avec un cristal de roche ou dans un pentacle de minéraux pour votre infusion.
- Vous pouvez aussi sucrer votre préparation avec du miel pour en adoucir le goût.

POTION POUR L'ATTRACTION AMOUREUSE

Cette potion accentue le magnétisme de la personne qui la consomme et permet de créer une bulle d'amour autour d'elle. Cela favorise l'amour de soi et suscite l'attraction de l'autre. Dans les deux cas, c'est la formule qui dirigera votre intention.

Fiches pratiques

n° 2 : p. 28, n° 3 : p. 30

Matériel et ingrédients

- 1 petite casserole d'eau préalablement chargée avec un cristal de roche et/ou un quartz rose ou une cornaline
- 1 calice
- 3 fleurs de jasmin
- 7 pétales de rose
- 1 petit bout de bâton de cannelle ou, à défaut, 1 pincée de cannelle en poudre
- 1 clou de girofle
- 2 feuilles de verveine
- 1 lamelle de gingembre ou, à défaut, 1 pincée de gingembre en poudre
- 1 bougie rose ou rouge, ou, à défaut, blanche
- Miel
- 1 amande

1 * Ajoutez les épices et les plantes, sèches de préférence, dans l'eau froide. Portez à ébullition et laissez 3 minutes, puis retirez la casserole du feu et recouvrez-la.

2 * Laissez reposer 5 minutes environ, filtrez et versez dans le calice.

3 * Allumez la bougie que vous pouvez enduire d'une huile d'onction préparée au préalable (voir p. 56).

4 * Ajoutez un peu de miel dans le calice et remuez sept fois dans un sens, puis sept fois dans l'autre en récitant votre formule. Dirigez l'intention de votre formule vers l'amour de soi ou l'amour de l'autre selon vos attentes.

5 * Buvez la potion d'un trait en laissant quelques gouttes au fond du calice.

6 * Essuyez avec votre pouce les gouttes restantes dans le calice et caressez vos lèvres délicatement en faisant plusieurs fois le contour de votre bouche, puis mangez l'amande.

Conseil de la sorcière

Faites ce rituel durant une pleine lune de préférence, /ou un vendredi, jour de vénus, ou un lundi, jour associé à la Lune ; et n'hésitez pas à cumuler avec l'onguent de séduction (voir p. 70) pour renforcer votre sortilège.

L'AUTRICE
NOÉMIE MYARA

Passionnée par le monde animal, la nature, les plantes et tout ce qui relève de « l'inexplicable », Noémie Myara a toujours été à l'écoute de ses perceptions magiques (rêves, pensées animales et végétales, vies antérieures) et a de fait orienté ses recherches vers des sujets comme la magie et le paranormal. Éclectique dans ses apprentissages et formations (qu'elle enchaîne pour combler sa soif d'informations), elle est naturellement attirée par la sorcellerie. Nourrie par des documents de haute magie, la compréhension des mécanismes des rituels, elle puise son savoir dans les livres avant de passer à la pratique pure et complexe (invocation de divinités, etc.).

La manipulation d'outils magiques lui semble de plus en plus familière et devient vite son quotidien, jusqu'à l'envie de partager son savoir et l'ouverture de sa propre boutique ésotérique en ligne mettant à la disposition de tous le matériel nécessaire à la pratique de la magie (onguents, huile d'onction, bouteilles d'autel, etc.).

Sorcellerie, herboristerie, spiritualité, alchimie, astrologie, chamanisme, soins énergétiques constituent le socle de sa pratique ésotérique et lui permettent de mettre de la magie dans ses créations.

Retrouvez Noémie Myara sur :

www.etsy.com/fr/shop/MyEimeon

@myeimeon

Crédits Iconographiques

Toutes les photos sont de Noémie Myara
sauf pp. 20, 22 : ©Shutterstock
Illustrations habillage maquette : ©Shutterstock

Direction : Guillaume Pô
Direction éditoriale : Élisabeth Pegeon
Édition : Chloé Herbin
Direction artistique : Julie Mathieu
Adaptation maquette et mise en pages : Stéphanie Boulay
Direction de fabrication : Thierry Dubus
Suivi de fabrication : Axelle Hosten
Photogravure : SNO

Achevé d'imprimer en Pologne, en mars 2021,
par INTERAK, sur du papier certifié FSC® issu
de forêts gérées de façon durable.

FSC
www.fsc.org
MIXTE
Papier issu de sources responsables
FSC® C015559

Cet ouvrage est composé de matériaux contrôlés
et certifiés FSC®. Il est imprimé grâce à des encres à base
d'huile végétale, garantissant la démarche de développement
durable de l'éditeur et de l'imprimeur.